Liebe Eltern!

Ihre Kinder sollen Spaß am Lesenlernen haben, und dazu brauchen sie motivierende Lesestoffe.
„Das kunterbunte Nilpferd" ist ein Konzept, mit dem Kinder spielerisch lesen lernen können. In vier Lesestufen steigt Ihr Kind Schritt für Schritt vom Leseanfänger bis zum fortgeschrittenen Leser auf.
Dieses Buch gehört zur zweiten Lesestufe. *Die kurzen Geschichten ab 6* sind für Allererstleser gedacht, die schon etwas mehr Text bewältigen können. Fünf kleine Geschichten in kurzen Sinnzeilen mit vielen bunten Bildern ermöglichen einen raschen ersten Leseerfolg. Und wenn die allerersten Leseschritte Spaß machen, ist Ihr Kind auch motiviert weiterzulesen, und es wird bald die nächste Lesestufe erreichen.

Prof. Dr. Maria-Anna Bäuml-Roßnagl
Institut für Schulpädagogik und Grundschuldidaktik
Ludwig-Maximilians-Universität München

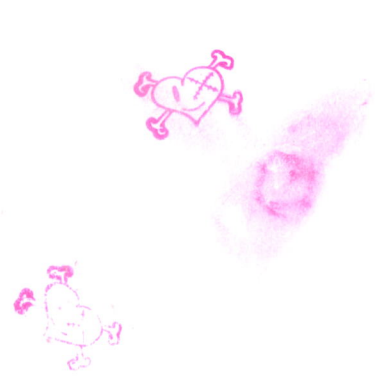

Ursel Scheffler/Annette Fienieg

Laras Wundertüte
und andere Abc-Geschichten

Die Deutsche Bibliothek – CIP-Einheitsaufnahme

Laras Wundertüte und andere Abc-Geschichten :
[mit zwei lustigen Rätseln] / Ursel Scheffler/Annette Fienieg. – München :
Egmont Schneider, 2000
   (Das kunterbunte Nilpferd : Kurze Geschichten ab 6)
   ISBN 3-505-11193-7

Dieses Buch wurde auf chlorfreies,
umweltfreundlich hergestelltes
Papier gedruckt. Es entspricht den
neuen Rechtschreibregeln.

Der Schneider Verlag im Internet:
http://www.schneiderbuch.de

© 2000 by Egmont Franz Schneider Verlag GmbH
Schleißheimer Straße 267, 80809 München
Alle Rechte vorbehalten
Titelbild und Illustrationen: Annette Fienieg
Logoillustrationen und Vorsatz: Jutta Timm
Grafische Gestaltung: Uli Gleis
Rätselseiten: Dorothea Tust
Lektorat: Henriette Wich
Herstellung/Satz: Gabi Lamprecht, 20˙ Schoolbook Reg.A
Druck: Ludwig Auer GmbH, Donauwörth
Bindung: Conzella Urban Meister, München-Dornach
ISBN 3-505-11193-7

Inhalt

Laras Wundertüte	9
Chaos-Conny	14
Freund gesucht!	21
Der Trödel-Jonas	26
Die kleine Maus	31

Laras Wundertüte

„Für dich!",
sagt Tante Tilly.
Sie schenkt Lara
eine Schultüte.

„Die Tüte ist ja federleicht!",
sagt Lara enttäuscht.
Tante Tilly lacht:
„Es ist eine Wundertüte.
Da sind lauter
Geheimnisse drin.
Und Geheimnisse
wiegen nicht viel."

„Darf ich reinschauen?",
fragt Lara.
„Erst am ersten Schultag!",
sagt Tante Tilly.
Lara ist gespannt
wie ein Regenschirm!
Am ersten Schultag
öffnet sie die Tüte.
Es sind lauter
kleine Papierrollen drin.
Darauf sind
Bilder gemalt:
ein Buch, ein Elefant,
ein Schwimmreifen,
eine Uhr …

Tante Tilly hat immer
etwas dazugeschrieben.
Mama liest vor:
„Ein Buch, ein Zoobesuch,
einmal Schwimmen,
eine Stunde Zeit,
wenn du mich brauchst …"

Lara ist begeistert:
„Meine Tüte ist federleicht",
sagt sie in der Schule.
„Trotzdem ist
ein Elefant drin.
Wollen wir wetten?"

Chaos-Conny

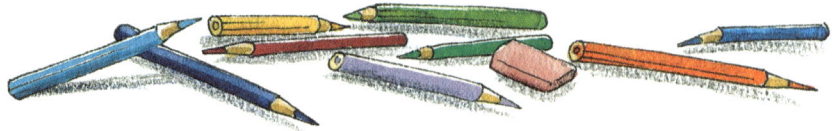

„Conny ist ein Albtraum!",
seufzt die Schultasche.
„Er knallt mich ständig
in die Ecken."

„Alle Buntstifte sind
abgebrochen.
Und die Bleistifte haben
innere Verletzungen",
jammert das Federmäppchen.

„An mir putzt er immer
seine Leberwurstfinger ab",
klagt das Turnzeug.

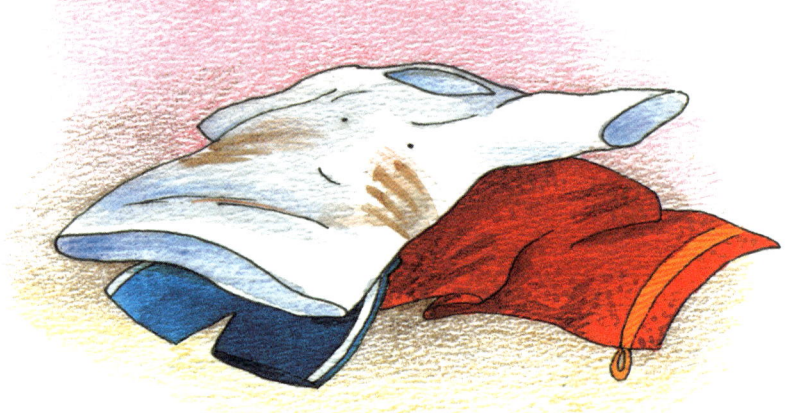

„Das zahlen wir ihm heim!",
poltert die Schultasche.
Noch in der gleichen Nacht
tanzen die Schulsachen
im Mondschein
auf Connys Bett herum.

„Lasst mich schlafen!",
knurrt Conny ärgerlich.
Aber die Schulsachen
geben nicht auf.
Sie holen den Plüschdino
zu Hilfe.
Der nimmt einen Rotstift
als Lanze.

Er pikt Conny so lange,
bis der ruft:
„Hilfe! Hört endlich auf!"
„Dann musst du uns
in Zukunft besser behandeln!"
„Ich tu alles, was ihr wollt!",
verspricht Conny.
„Aber lasst mich schlafen!"

Am nächsten Morgen
sind die Schulsachen
auf dem Fußboden verstreut.
„Blöder Traum", murmelt Conny.
Erst will er wieder alles
wild in die Tasche stopfen.

Aber dann legt er die Sachen
ganz ordentlich hinein.
Besonders den Rotstift.
Die Schulsachen zwinkern
dem Plüschdino zu.
„Danke, Dino!
Du hast uns sehr geholfen!"

Freund gesucht!

Micha und Anna sind neu
an der Schule.
Manchmal treffen sie sich
auf dem Schulweg.

„Gefällt es dir
in deiner Klasse?",
fragt Anna.
„Ganz gut",
sagt Micha.
„Und dir?"
„Auch ganz gut. Bloß …"
„Bloß was?"
„Alle andern haben Freunde.
Bloß ich hab niemanden."
„So ähnlich geht's mir auch",
sagt Micha.
„Mama sagt,
einen Freund muss man
sich suchen.

Wir können ja
gemeinsam suchen",
schlägt Anna vor.
Das tun sie
eine Woche lang.

Aber sie finden
keinen Freund
für Micha
und keinen Freund
für Anna.
Plötzlich lacht Anna.
„Ich glaub, ich hab
einen Freund
gefunden."
Micha ist traurig.
„Muss ich jetzt
allein weitersuchen?",
fragt sie.
„Ach Quatsch!",
sagt Anna.

„Wenn ich einen Freund hab,
dann hast du auch einen.
Falls es nichts ausmacht,
dass es eine Freundin ist!"
Jetzt kapiert auch Micha:
Da haben sie überall
nach etwas gesucht,
was sie längst hatten!

Der Trödel-Jonas

Immer kommt Jonas zu spät!
Das nervt alle,
nicht nur die Lehrer.

Auch seine Freunde
ärgern sich.
Immer und überall muss man
auf Jonas warten.
Er kommt zu spät
zur Schule.
Er kommt zu spät
zum Turnen.

Er kommt sogar zu spät
zum Fußballplatz.
„Trantüte!
Schnarchnase!",
rufen seine Freunde.
Sie wollen Jonas
einen Denkzettel verpassen.

Am Nachmittag
ist ein Trainingsspiel
am anderen Ende der Stadt.
„Punkt drei bei mir!",
sagt Benno.
„Mein Papa fährt uns."

Jonas trödelt wie üblich.
Als er zu Benno kommt,
ist niemand mehr da!
An der Tür hängt ein Zettel
mit der Wegbeschreibung.
Oje! Er muss den Bus nehmen
und dreimal umsteigen!
Jonas hat kein Geld dabei.
Also muss er erst nach Hause
und welches holen.
Jonas ist völlig fertig!
Bis er zum Sportplatz kommt,
ist das Spiel vorbei.
„Da bist du ja endlich!",
sagt Benno.

„Wir haben gewonnen.
Heute Abend feiern wir.
Punkt sieben im Club.
Kommst du?"
Diesmal ist Jonas pünktlich.

Die kleine Maus

Der Wecker klingelt.
„Du musst in die Schule!",
sagt Mama Maus.
„Oh Graus!",
sagt die kleine Maus.
„Kennst du die Geschichte
von der Maus,
die nicht lesen konnte?"
„Nö", sagt die kleine Maus.
„Die wollte nicht
zur Schule",
erzählt Mama Maus.

„Sie dachte, Lesen sei bloß
was für Leseratten.
Da entdeckte sie ein Päckchen
mit einer Maus drauf.
Nett von den Leuten,
dass sie uns Futter hinlegen,
dachte die dumme Maus.

Die kleine Maus fraß
die Körner innen drin
ratzeputz auf.
Danach bekam sie
fürchterliches Bauchweh.

Sie rannte zum Mäusedoktor.
Der sah sich
die Schachtel an.

‚Wie kann man nur
so dumm sein!'
Das hörte
die dumme Maus
schon nicht mehr,
denn sie war mausetot."
„Oje! Und was stand
auf dem Päckchen?",
fragt die kleine Maus.
„Es waren vier Buchstaben.
Aber die dumme Maus
konnte sie nicht lesen.
Deshalb war es aus …"
„Ich glaub, ich komm raus",
sagt die kleine Maus.

LUSTIGE RÄTSEL ab 6 Jahren

In dieser Schultüte sind lauter tolle Sachen! Jeweils zwei Dinge reimen sich aufeinander. Welche?

Auflösung: Es reimen sich: Flasche – Tasche, Schuh – Kuh, Schüssel – Schlüssel, Maus – Haus, Buch – Tuch, Rock – Block.

Das kunterbunte Nilpferd
In vier Stufen spielend lesen lernen

SchneiderBücher
Lesedidaktisch empfohlen von Prof. Dr. Bäuml-Roßnagl Universität München
für Erstleser

2. Stufe
Kurze Geschichten ab 6

Alle Bücher mit zwei lustigen Rätseln